안개 낀 아침

아기들의 웃음

뽀송뽀송 새아씨

4월 손님

인수봉 베이스캠프

기다림

빈 강

노랑

오영효 시집

박꽃

머리말

자주 하늘을 보게 되는 계절입니다. 푸른 하늘에 하얗게 깔려 있는 엷은 구름을 보게 되면 아아, 하고 무의식의 탄성이 나오는 가을입니다.

소원 탑을 쌓듯 모아 두었던 글과 그림을 시집으로 펴낼 수 있어 무한히 기쁘지만 한편으로는 익지도 않은 풋과일을 내어 놓은 것 같아 걱정이 앞섭니다.

젊은 날 자신을 위한 꿈은 꺼낼 겨를이 없었습니다. 정신없이 맞물린 톱니바퀴에 물려 돌아가느라 숨차게 먼 길 돌아 왔습니다. 인생의 가을에 와서야 접어두었던 꿈을 펼칠 수 있도록 용기를 주신 오봉옥 교수님께 감사드립니다.

오랫동안 함께 공부하던 문우님 들에게도 고마움과 기쁨을 함께 나누고 싶습니다. 곁에서 격려해주신 가족 지인 모두께도 고마운 마음입니다. 앞으로 열심히 공부하며 남은 삶을 詩와 함께 걸어가길 기원합니다.

더욱이 섬세한 지도와 넘치는 해설을 써주신 황송문 교수님께 마음 깊이 감사드립니다. 그런 삶을 이어가도록 마음의 끈을 놓지 않겠습니다.

혹시라도 성긴 돌탑 같은 시집 속으로 가을 풀벌레가 깃들고 바람이 잠시라도 머물다 갔으면 좋겠습니다.

2014년 가을 오영효 적음

차례

머리말 _3

1. 바람이 나무에게 _11

콩잎 엄마 _12

보금자리 1 _14

보금자리 2 _16

단풍이 탄다 _18

파양破養 _20

사랑이여 _21

낙엽 _22

매미 _24

꽃씨 _26

모란이 지다 _27

바람이 나무에게 _28
사모思慕 _30
상념想念 _32
곁 _34
숨에 대하여 _36
나이테 _38
무정란 _40
낮달 _42

2. 비오는 소리 _43
박꽃 1 _44
박꽃 2 _45
박꽃 3 _46
어머니 _48
엄마 펭귄 _49
비오는 소리 _51
개 짖는 소리 _52
망태기 _54

봄 앓이 _55
가을이 저문다 _56
간절곶에서 _57
수종사의 찻집 _59
화전 _60
약속 _62
슬픈 축제 _64
편지 _65
그리 살면 되지 _67
그물침대 _69

3. 찔레꽃 달빛 _71
겨울 산 _72
강심 빛깔 _74
종소리 _76
산 울음 _78
빈 강 _80
밤 산 _82

인수봉 _84

조약돌 _86

찔레꽃 달빛 _88

은행나무 _90

강촌에서 _92

일몰 _94

갯벌 _95

망초꽃 1 _96

망초꽃 2 _99

천불동 계곡 _101

빙호氷湖 _103

상수리나무 _104

4. 교차의 순간 _107

뼛속으로 _108

노랑 _109

착한 아이 _111

석화石花 _112

해국海菊 _113
선자령仙子嶺 _115
숨비새 _117
새 _119
촉 _121
풋사랑 _122
교차의 순간 _123
그때 보자 _125
환청 _126
구제역 _127
고요 _129
태풍이 _130

작품해설: 黃松文 _133

1. 바람이 나무에게

콩잎 엄마

아우가 부쳐 준 소포는
짭조름한 콩잎 장아찌
침이 고이기 시작한다.

찬물에 밥 말아 한 잎 올려놓으니
은은한 향기에 목이 메인다.

어머니의 투박한 손으로
콩잎 한 장을 들고
밥술 뜨는 나를 기다리시던 날
채마밭 울타리엔
크고 빨간 나팔꽃이 피어 있었지.

하루해를 못 견디고 여린 몸 닫고 마는

그 짧음이 가슴 아프던 어머니
병실에서 은은한 콩잎이 먹고 싶다 했는데,

베란다 창틀의 비닐 끈을
제 어미인 양 돌돌 감아 오른 나팔꽃이
환하게 마중을 나오고 있다.

보금자리 1

낙엽 쌓인 뜰을 걷다가
반짝이는 알밤 하나 주웠다.

횡재한 기분으로 뚜껑을 따는데
하얀 애벌레가 머리를 쑥 내민다.

아이쿠!
저도 놀라고 나도 놀랐다.

아침저녁으로 넘나들던 대문이
포크 레인의 커다란 아가리에 맥없이 무너지고
옹기종기 등 지지던 아랫목이
시꺼멓게 배를 뒤집고 널브러졌다.

잡풀의 억센 저력 잘려버린 철거민들
검은 연기로 몸 바꾸고
눈 감지 못한 채
한 줌의 재로 외치는 소리,

주먹만한 우주 속에 갓 태어난
저 여린 몸에 어떤 별이 있어
망나니의 칼끝에 지붕 빼앗기고
다가오는 혹독한 겨울을 날 것인가
발가벗은 애벌레는 미동도 없다.

보금자리 2

방을 얻으러 다니면
아이가 몇 명이냐 물었다.

한 둘은 숨겨 두고
계약을 하곤 했다.

그럴 때마다 면구스러움이
단칸방을 도배하곤 하였다.
15평 내 집이 생긴 날
꼬깃꼬깃 접었던 날개를 펼쳤다.

넓은 베란다 문을 활짝 열어젖히고
푸른 하늘을 맘껏 불러들였다.

오늘
천리향이 살던 옹색한 집을 털고
큰 집으로 이사를 시키자
뾰족한 새잎에서 푸른 새소리가 났다.

단풍이 탄다

영구차가
고인이 걷던 길을 지나간다.

켜켜이 앉은 낙엽은 미동도 없이
시나브로 떨어져 내리고 있다.

영구차 안의 사람들은
저마다 상념에 잠긴 채
흔들리고 있을 뿐 울지도 않는다.

한 평생
가족을 위한 삶의 나이테
쪼글한 빈 껍질로 남아
마지막 노을을 닮아간다.

벽재 화장장도 가을이 깊어
침묵을 벗어 던진
불꽃의 가벼움으로
마지막 경계를 넘어 간다.

꽝! 철문이 닫히고
작은 유리 구멍 속 그 너머에서도
이승의 단풍이 화르르 타오르고 있다.

파양破養

아름다운 지구는

인간을 입양한 이후

욕망형 바이러스 발열로

제 몸을 녹여내고 있다.

허파에 남겨진 흉터는

마른버짐처럼 번져만 가고

평화를 잃어버린 지구는

인간을 파양할까 궁리중이다.

사랑이여

남색
제비꽃 같은
그대를 한번만이라도
품어보고 싶었는데

이른 아침
깨어나는 강물 같은
그대 깊은 깃 속에
남몰래 숨어들고 싶었는데

사랑이여
너는 어느새
새벽하늘 먼 거기
시린 눈썹달로 걸리느냐.

낙엽

바람이 가자하면 가고
있자 하면 머무는
한 장의 낙엽

가지 많은 나무에 붙어
때로는 슬프고 외롭고 아픈 날도
가슴이 꽉 막혀 눈물 가득 고여도
흘리지 않으려고 하늘을 보았다.

가지에 매달린 열매를 보며
그 속으로 나를 들여보내고
함께 녹여 야물게 익혔다.

이제

바람이 가자하면 가고
있자 하면 머무는
한나절의 목숨.

매미

창문을 넘어오는 매미 소리가
선잠을 깨운다.

처서가 지나자
널어놓은 하얀 이불호청 속을
훑고 지나온 서늘한 바람에
매미 소리가 실처럼 가늘어졌다.

서른이 넘도록
짚신 한 짝을 못 찾고
늙은 어미 등에 붙어
수액 빨던 날 있었는데,

입추의 찬바람에

울던 매미가
계절의 꿈을 안고
내 귓속 달팽이관 옆 골방으로
이사를 왔다.

꽃씨

씨방에 갇힌 꽃씨
피워낼 수 없는 타는 목마름이
돌아서는 봄의 등에
마른 옹이로 박힌다.

한걸음 다가서고
두 걸음 물러서는 사람
머뭇거려 망설이는 물결 뒤로
한 생애가 건너고 있다.

펴고 싶은 날개
안으로 여미고
기다리는 봄별 생각에
쿵쿵 심장이 뛰는 한나절.

모란이 지다

꽁꽁 동여맨 모란의 봉오리
봄 뜰에 내려섰다.

간지러운 햇살의 꼬드김에
봉오리 살며시 귀를 열었다.

꽃단추 한 잎 두 잎 풀어 펼치더니
마침내 노란 속내 다 열어젖히고

예니레 치열하게 살을 섞는 햇살 앞에
찬란한 수분受粉향 터진 꽃물결

파문 위로 허리 휘는 꽃잎
나른한 꿈속으로 스며들고 있다.

바람이 나무에게

싱거운 바람이
건들건들 산으로 가서
공연히 나무에게 귓속말을 걸면
나무는 수줍어 몸을 흔든다.

처음엔 살랑살랑 이파리춤 추다가
점점 넓은 치마 마구 흔들며
미친 듯이 왈츠를 추기 시작한다.

바람도 덩달아
두 팔을 벌리고 빠른 스텝 밟으며
모든 나무에게 사인을 보낸다.

한바탕 싱싱 춤 놀이가 벌어지고 나면

나무는

피아니시모로 이파리 흔들고

바람은

잦아드는 여운으로 지휘봉을 놓는다.

사모思慕

간격을 두고 있는 당신을 보면
청보리밭 이랑을 쓸고 가는 바람이 보입니다.

바람의 자국마다
순서로 눕는 초록의 물결은
말없이도 느낄 수 있는
한 섬의 묵언입니다.

거리를 두고
바라본다는 것
띄엄띄엄 생각한다는 것은
삶의 초록빛 새순입니다.

간격 건너에

청보리의 고운 결과
바람의 평평한 수평을 담고
강물처럼 흘러가는 빛깔을 봅니다.

상념想念

맨발로 뛰쳐나가고 싶은 마음
주워 담고 기차를 탄다.

달리는 바퀴 소리에
한 땀씩 기워지는 널브러진 마음 자락
하얀 실밥자국이 레일로 이어 진다.

매번 찾아오는 강기슭에는
산이 먼저 모로 누웠고
모래 섶에 밀려드는 물의 날갯짓
바라보는 나는 강으로 스며든다.

청둥오리 자맥질하는 깊은 강 속
한 마리 물고기가 되어

지느러미 힘껏 흔들어보지만

풀리지 않는 실밥 매듭 끊어내지 못하고
젖은 물비늘 노을빛에 털어내며
푸드득 기차에 튀어 오른다.

곁

영면에 드는 당신을
무릎에 안고
잦아드는 불씨 다독입니다.

마른 가랑잎처럼 뉘어져
멀건 밥물 한 모금 삼키기가
살아낸 삶만큼이나 힘겨운가요.
뒤척임 끝에 넘기는 목울대 우는 소리
차마 더는 붙들지 않겠습니다.

늙은 굴참나무 껍질 같던 삶의 균열로
몇 번인가 바람으로 집을 떠났고
길 잃은 모래바람 언덕 위에
말뚝처럼 섰을 때

번번이 새끼들 가슴은 재가 되고 맙니다.

그러줘었다 풀어놓은 바람으로
접어두었던 날개 펴시던 날,
이제 평온한 당신 곁에 누워
강물 같은 잠 한숨 혼곤히 자고 싶습니다.

숨에 대하여

배고픈 어미 사자
새끼 숨겨 두고 초지로 나왔다.
무리 속에 뒤처진 임팔라를
살금살금 거리 좁힌 뒤 후다닥
급발진으로 내달린다.

숨 죽여 바라보던 풀잎 먼저 쓰러지고
임팔라의 뒷다리가 하늘로 날며
생사의 질주가 펼쳐진다.

쫓기는 임팔라의 다급한 외마디
곤두박질치는 검은 줄무늬
순간 숨통부터 끊는 사자

임팔라는 긴 다리로 허공 한번 박차고
눈 속에 고인 눈물 흘릴 새도 없이
푸른 평온 찾아 소신공양에 든다.

숨의 배려 건너편에는
몇 날을 꼬박 사투의 몸부림 끝에
올무에게 숨을 빼앗긴 어린 고라니
피맺힌 동공이 적막을 흔들어 깨운다.

나이테

경로 우대라 해서
보건소에서 독감 예방주사를 맞았다.

준비 없이 무성하던 잎은 지고
어깨에 스며드는 찬바람이 시리다.

삶의 톱니에 맞물려
정신없이 돌다 보니
헐거워진 나사 하나 둘 빠져나가고
텅 빈 논바닥 허수아비로 서있다.

계면쩍게
공짜 예방주사를 맞고
돌아오는 느린 걸음에

톡 차이는 돌 뿌리 하나
가랑잎처럼 굴러간다.

무정란

양계장에서는
어린 새끼 종종종 거느리고
양지바른 마당 거닐 수 있을 거라곤
아무도 생각하지 않는다.

어미 깃털 속의 포근함도
구구구 모이 소리에 쪼르르 모여 앉던
물 한 모금의 푸른 하늘도
찾아 볼 수 없다.

그저 기계처럼
쑹덩쑹덩 알을 쏟아낼 뿐이다.

아기를 갖지 않으려는 신세대

새끼 내어줄 아린 품이 없다는 것
전자칩 틈새로 엄지손끝 만한 가슴 한 조각이
가끔은 허공 속으로 빠져 든다.

오늘도 뜨거운 프라이팬에
차가운 무정란을 깨트리는
신세대의 아침.

낮달

밤송이는
얼마나 간절히 보여주고 싶어
제 몸을 갈랐을까

날 세운 칼끝이 가른 뱃속에서
반짝이는 새끼 떼어내고
하얗게 빈 자궁 열어 젖혔다.

봉합도 잊은 채
말라가는 생명의 끝자락
가지 끝에 빛바랜 낮달로 걸렸다.

2. 비오는 소리

박꽃 1

잔 솜털 보송보송
수줍음 타던 새아기씨 素心

이슬 내리는 은하 눈물
여린 꽃잎 純白으로 피어

소복으로 단장하고
달빛 마중 나가

지붕 위로
환하게 떠오른 보름달
한 입 삼키고

기약 없는 기다림에
숨 죽여 운다.

박꽃 2

돌담 위의 용마루에
박꽃 피는 밤이면
석이오빠는 밤늦도록 한숨만 쉬었고
나는 밤새도록
하얀 꽃이 되는 꿈을 꾸었다.

꽃잎 하나 따서
작은 손에 올려주며
살갑게도 두 손 감싸주던 달밤,

어쩌다 돌담 위 박꽃을 만나면
잊고 살던 하얀 그리움에
거칠어진 빈 손 그러쥐어본다.

박꽃 3

구순이 되어서도
쪼글쪼글 입가 환하게
미소 머금던 권씨 할머니
심중에는 기둥 같은 아들이 있고
기둥 곁에 뿌리 내린 박꽃 줄기
서로의 숨결 기대며 살고 있다.

골목길 돌아 설 때마다
손 흔들며 하얗게 웃던
純白의 영상.
할아버지 먼저 보내고도
실밥처럼 이어가는 세월
용마루 기어가며 해를 보낸다.

아들아이 떠나고부터
우물도 물이 마르고
초가지붕 어둠 밝히던
소복의 박꽃도 볼 수 없다.

어머니

열 달을 탯줄로 연결한 인연
왜 품으셨는지요.

철창 속 손바닥만한 하늘에
그려보는 이름

시궁쥐처럼
오물 속에 구르던 한 때
밤마다 악몽에 뒤채다

세상에서 가장 슬픈 짐승이 되어
조용히 입속으로 뇌어봅니다.
어머니.

엄마 펭귄

엄마의 별명은 펭귄할머니
앞에서 봐도 뒤에서 봐도 펭귄 걸음
어린 꽃잎 애써 지우고
열매가 전부인 양 살아 온 후유증

아직도 자식이 먼저인 엄마
'엄마 갈게' 전화 하면
'힘든데 머할라꼬 올라꼬' 하면서도
그 말 언저리에 묻어오는 기쁨

얼굴 마주하면 '힘든데 와왔노' 하지만
만면의 반가움 숨기지 못한다

옛이야기 나누며 그 시절에 머물고

젖어드는 눈시울 웃음으로 닦으며
서둘러 높아가는 나이테를 느낀다

돌아오는 길 따라나서며
'얼렁 가거라' 하면서도
끝까지 손 흔들며 웃고 있는 엄마
새끼 내보내는 어미펭귄처럼
웃음 속에 그렁그렁 붉어지는 눈시울.

비오는 소리

새벽잠 깨우고
홈통 타고 내리는 빗소리

목 타는 숲속에도
파도소리 비가 내리겠지.

벗은 알몸 강바닥도
깊은 곳 부끄러움 물비늘로 가리겠지.

선잠 깬 마른 가슴
한 사발 찬물 들이킨다.

개 짖는 소리

산 아래 외딴 마을에는 늘
개 짖는 소리가 컹컹컹 들려온다.
커다란 입을 벌린 동굴이 운다.

허름한 가건물에 우글거리며 사육되다
하나씩 끌려 나가는 동료 보며
구원의 목소리 멀리까지 보내지만,

부드러운 혀로 얼굴 핥으며
간지럼 태우던 누렁이
발톱 세우며 끌려가던 날
내게 보내던 그렁그렁한 눈빛
땅바닥에 퍼질러 서럽게 울던 날이 있었다.

김이 나는 수육 접시에 둘러앉아
쩝쩝 입맛 다시는 사람들 앞에
컹컹컹 동굴의 울음이 연기처럼 퍼지고 있다.

망태기

고운 실 다 뽑아 낸 번데기도
얼굴 가득 주름으로 웃는데

여름 날
가로수에 매달린 매미들도
수많은 날 눅눅한 어둠 속에서
죽을힘을 다해 푸른 꿈을 꾸는데

먼지 쌓인 세월만
덕지덕지 낀 나는
텅 빈 망태기가 아닌가.

바람 빠진 구럭이
터덜터덜
산을 내려오고 있다.

봄 앓이

모진 겨울을 알몸으로 견디고 나면
이른 봄부터 나무는 앓기 시작한다.

점점 신열이 나고
터진 껍질 사이로
홍역처럼 열꽃이 핀다.

뜨거운 몸부림 치고 나서야
산통의 아픔 다스리고
나무는 제정신을 차리고 잎을 밀어낸다.

어린 얼굴에 붉은 열꽃이 피고
아프고 무서워 울고 있을 때
머슴아재가 꺾어 온
한 아름 빨간 참꽃을 잊지 못한다.

가을이 저문다

다 못한 이야기
마른 가지로 남기고

옹달샘에 낙엽 씻으며
흰구름 한 점도
샘 속에 앉는다.

돌아보면 욕심인 상실감에
가슴 저린 마른 잎으로
갈색 회한의 가을이 저문다.

간절곶에서

새해 첫날의 동해안 간절곶
밤새워 달려 온 사람들
푸른 새벽 설레는 발자국들이
모래알을 출렁이게 한다.

그는
수평선 너머에서
황금 비늘로 물결을 깨우며 떠오른다.
일제히 쏘아 올리는 숱한 합장의 염원들
온 몸으로 받아 안고
새 소망으로 발싸심한다.

소원을 비는 합장의 손들
마른 가지마다 움트는 눈

기원하는 발걸음은 산을 넘고 물을 건넌다.

이글이글 끓고 솟는 수평선 아래로
제 몸을 녹여가는 하루를 위하여
쟁여둔 마음속 소망의 소리
붉게붉게 풀어내고 있다.

수종사의 찻집

다기가 가지런히 놓인
넓은 창가에 앉아
비 그친 아침 풍경을 본다.

포근한 안개 내리고
남한강과 북한강이 맞닿은
두물머리가 반갑다.

다관에서 우러나
찻종으로 옮겨진 향은
저 너머의 그리움

안개와 구름의 운길산
비에 젖어 걸어온 길이
따스한 찻잔 속에 스며든다.

화전

그대
4월 손님으로 오신다면
나는 분홍 꽃잎 화전을 부치겠소.

하얀
속내 위에
살포시 살아나서

꽃술 속에
스며드는
봄 햇살의 열정으로

4월
나는 그대

고운 꽃잎이 되고

귀여운 화전이 되어

그대에게 스며들으리.

약속

식당 출입문 옆에 앉아
오는 사람마다 눈 빠지게 검색한다.
벗어놓은 신발마다 냄새를 확인하고
실망으로 돌아서는 눈
또다시 그렁그렁 눈물이 맺힌다.

이틀이 지나도록 먹지도 않고
굶은 노숙자가 되어
멀리서도 알 수 있는 발자국 소리만 더듬는다.

돌아오겠다는 약속을
꼭 기다리겠다는 마음으로 믿고
아무도 오지 않는 깜깜한 밤에도
장대비를 맞으며 기다리고 있다.

심장에는 사상충을 가득 담고
수의사에게 끌려가면서도
기다리지 못하는 약속 때문에
그렁한 눈길 돌아보고 또 돌아본다.

슬픈 축제

얼음강 위에서
빙어는 자꾸 허공으로 튀어 오른다.

그 속내를 찬찬히 들여다보면
개울 속에 내려앉은 매끄러운 햇살이
고스란히 담겨있다.

탐욕스런 사내는
아가미 뻐끔거리는 빙어를
고추장에 푹 찍어 입 속에 넣고 와지끈!

얼음 구멍 속으로
아이를 잃어버린 여인은
해마다 얼음강가를 배회하고 있다.

편지

풀꽃 반지처럼
작은 시계를 처음 손목에 채워주던
당신의 표정을 놓쳤습니다.

시계에 빠져서
미처 살피지 못했습니다.

북을 치며 아이들을 모으고
심청전 그림판을 변사처럼 읽던
당신 모습은 마른 억새밭이었습니다.

술독이 되어 밤길 헤매다
휘청거리며 돌아오는 당신을
못마땅하게만 생각했지요.

그 가슴속
깊은 눈물은 보지 못했습니다.

이 편지를 받아보실 수 있을 때
쓰지 못했음이 후회스럽습니다.
아버지 떠나신지 벌써 보름이 지났습니다.

그리 살면 되지

멍치끝 아린
그리움 묻어 두고
해 뜨면 일어나고
해지면 잠들고
그리 살면 되지

멀리 있어도
곁에 둔 마음이
함께 있어 가득한
그것 하나 품어 안고
그리 살면 되지

너는 거기 그렇게
나는 여기 이렇게

가슴 한켠 촛불 하나
아껴 태우며
그리 살면 되지

보내려 해도 떠나려 해도
내딛지 못하는 걸음
장승처럼 거기 서 있으려거든
그림자로 무심히
그리 살면 되지

그물침대

나뭇잎 사이 하늘을 보고 싶어
그물침대를 들고 뒷산에 올랐다.

적당한 거리의 상수리나무 사이에
그물을 묶으려는데
곁가지가 삐죽이 나와 있다.
힘주어 꺾어보지만 막무가내로 버틴다.
하는 수 없이 곁에 두었다.

요람처럼 누워 책을 읽다 설핏 눈이 감기는데
푸른 수액의 체취가 훅 코끝에 스친다.
놀랍게도
꺾일 뻔한 잎맥에서 초록향기 파문이 인다.

어찌하여 이 여린 가지를 아프게 했나
자신의 안일을 위해
어린 자식 삶을 꺾어버린
어미의 탄식이 떠오른다.

돌아오는 등 뒤로
곁가지의 어린 잎이
산들산들 손을 흔들어도
내 손을 차마 보일 수가 없었다.

3. 찔레꽃 달빛

겨울 산

거대한 짐승이 웅크리고 있다.
독의 뚜껑처럼
두꺼운 눈이불을 쓰고 있다.

성긴 털 사이로
칼바람이 훑고 지나가면
그는 우우 천둥으로 운다.

배고픈 곤줄박이
마른 가지 끝에 서성이다
손바닥에 올려 준
몇 개의 낱알을 잽싸게 물고 간다.
모시올 같은 발가락의 까칠한 여운

고양이는 떼지어 산객의 주위를 맴돌며
헝클어지고 있는 풍경 속으로
터전을 옮기는 중이다.

하얗게 굽은 잔등으로
사람들은 뾰족한 쇠붙이를 달고
온종일 짓밟으며 지나간다.

길게 파헤쳐진 살점 위로 소금을 치듯 버리고 간
때 묻은 세간의 일상들이 수런거리는 저물녘
어둠을 몰고 오는 젖은 바람을 온 몸으로 받아 안고
만신창이 등뼈를 다스리며
송전탑 함께 먼 봄을 교신한다.

강심 빛깔

강은
아침이 오면
물비늘 속곳 사르르 벗어 내리고
맑은 알몸으로 일어선다.

안으로
산이 쏟아지고
하늘이, 구름이 강바닥에 와서 눕는다.

강심의 숲에서
화들짝 흩어지는 산새 소리
물고기가 자맥질해 물고 간다.

송글송글 떼지어가는 새끼 오리

어미가 그려놓은 길 눌러 짚으며 쪼르르,
강에도 저마다 길이 있어
늘 그길로 오는 붉은 하룻자락에 얼비치는
머무를 수 없는 빛깔

차마
담을 수 없어
밀려드는 어둑발 바라만 보다
하염없이 제 색을 놓쳐 간다.

종소리

아름다운 글은 행간마다
어머니 고향 실개천이 흐른다.

작은 돌멩이에도 허리 굽혀 기척하고
그 물소리에 귀를 씻은 어린 풀잎들
설레는 온 몸을 물결에 맡기고 있다.

페이지를 넘길 때마다
가슴 울려오는 종소리의 여운
도봉산행 지하철 옆자리에 앉아
마음을 건드리고 지나간 결 고운 바람이
두고 간 책 속에 까무룩 잠기고 만다.

기억의 항아리에 담을 겨를도 없이

빈자리 놓아두고 멀어져간 바람결
보이지 않는 뒷모습 그려보며
나도 누군가의 가슴에 울리는
종소리로 살고 싶다.

산 울음

눈 쌓인 산허리
어미 멧돼지가 사투를 벌인다.

박차고 뛰어오를수록
더욱 조여드는 숨통의 올가미
파헤쳐 진 핏자국마다
배고픈 새끼의 울음이 박힌다.

돌아가야 할 곳에서 어둠은 밀려오고
바위굴 안쪽의 새끼들
꼬물꼬물 줄무늬 등 서로 비비며
죽을힘 다해 어미젖을 찾고 있다.

탯줄 밖 불확실성의 늪에 빠진 그들을

굴속의 바위는 침묵으로 바라보고 있다.

검붉은 노을이
부릅뜬 어미의 눈을 삼킬 즈음
불어터진 젖꼭지에서 흘러내린 젖이
얼어붙은 눈을 녹이며
붉은 흙을 흔들어 깨우고 있다.

빈 강

하늘이
강 속으로 내려앉고
강물이
하늘에 흘러들어
한없이 푸르다.

바람이 결 고운 비질 해놓고
기다림으로 비워 둔
금강 하구

지구의 반바퀴를 돌아 와
덥석 안기던
가창오리 떼
한 마리도 없다.

무너지는 빙산의 푸른 눈물에
지율 스님의 가늘고 긴 한숨소리에
물끄러미 빈 몸으로 서있다.

밤 산

하루를 다 보내는 산이
백열등을 끄고
붉은 이불 턱밑까지 당겨 덮는다.

고른 숨을 여닫으며
몸을 풀어놓고
별은 낮은 도심으로 내려와
고단한 하루를 씻기며 반짝인다.

내일일지 모레일지
산허리 어느 곳 뭉텅 잘라내고
벗겨진 살점 위로 살충제를 뿌리겠지
그 위로 푸른 융단을 깔고
공놀이를 할지 모를 일이지만,

산객이 던져준 음식을
눈치껏 찾아 헤집던 고양이
밤이 되자 바위틈에 자리 잡고
가슴에 머리를 묻는다.

잃어버린 주인 찾아 떠나는
꿈 길
부엉이도 부엉부엉 따라나선다.

인수봉

– 임대장님께

한 가닥 자일에 생사를 묶고
까끌한 바위비늘의 작은 틈새에
손톱으로 매달리고 발톱을 꽂으며
한 마리 거미처럼 오른다.

인수 길 중
고독의 길은 초보자가 고수 따라 머리 올리는 길
각각의 피치마다 색다른 길은
삶의 마디마다 돋아난 옹이처럼
힘겹고 새로운 시작점이 된다.
몇 시간의 고투 끝에
참기름바위를 끝으로 정상이 코앞이다.

인수 정상의 고인돌 아래에서
가까워진 하늘을 본다.
지나온 날들을 아찔한 바위아래 던져두고
처음 인수봉에 오른 벅찬 가슴
비상하는 한 마리 새가 된다.

하강하고 싶지 않은 정상에서
노랗게 지는 해를 보고
노을 속으로 스며들고 싶어
남몰래 나만의 베이스캠프를 친다.

조약돌

온 밤을 지새운 조약돌은
새벽에야 푸른 눈동자를 반짝입니다.

밀려왔던 파도가 돌아가기 전
해변은 보랏빛 실루엣을 입어봅니다.

물의 갈피 사이로
옛 기억이 피어나면
서둘러 돌아서는 썰물
미끄러져가는 뒷모습이 멀어집니다.

아침 햇살이 등 뒤로 다가와
젖은 어깨를 살며시 품어주면
아이처럼 따그르르 온몸을 굴립니다.

한때는 당신 안에
당신은 내 안에 살았습니다.

해조음 세월로 밀려나온 뒤로는
밀물로 와주실 당신을 기다립니다.

찔레꽃 달빛

꽃잎이
채워 둔 빗장 하나씩 열면
순한 꽃물이 번지고
숨겨 둔 가시 향 터지는 밤은
창호문살 너머에 서성이는 달빛

찔레꽃 하얀 길을
봄의 등에 업혀
훠이훠이 먼 길 가던 당신
넋놓고 하염없이 바라만 보았다.

풍편처럼 간간히 뻐꾸기 울면
물끄러미 나를 놓치고 지우며
저 혼자 야위고 바래가는

낮달 기울고

왕벌이 살짝살짝 꽃술 훔칠 때마다
파르르 몸을 떨던 꽃잎
달빛 내리는 밤이면
여인은 문고리를 풀곤 하였다.

은행나무

노랑나비들이 나뭇가지에
빼곡히 매달렸다.

동그란 촉수를 길게 뻗어
마디마다 촘촘히 박고
마지막 남은 수액 빠느라
얇은 날개를 나풀거린다.

제 몸의 물기 다 빨리고
서있는 나무 아래
나비들이 두고 간
노란 쪽지가 소복이 쌓여있다.

이제 나무는

알몸으로 바람을 맞이할 때
또 하나의 나이테를 야물게 여미고
혹독한 겨울을 버티리라.

나비들이 두고 간
쪽지의 사연이 궁금한 가을 한나절.

강촌에서

강촌에는
느리게 흘러가는 강물을
볼 수 있는 카페가 있다.

창가의 기둥 옆에는
자신을 태워 성을 쌓는
촛불이 켜져 있다.

청둥오리들이 꽁지와 두 발을 치켜들고
연신 자맥질하던 강물은 얼어
햇빛 길게 미끄럼 타는 빙판이 되었다.

나뭇잎이 얼음 위에 지문을 새기듯
소쩍새 울음으로 돋아나는 그림자 하나

낮달처럼 저만치서 바라보고 있다.

가끔은 마음을
벼랑 끝에 세워두기도 하는데
그렇다고
뜨겁게 솟아오르는 간헐천은 아니고
자분자분 끓어 넘치는 촛농 같은
그리움이 있다.

일몰

하루의 삶이 산화하는 시간
붉은 가슴 안으로
정적이 스민다.

태반 같은 검붉은 노을
우렁우렁 몸을 허물며
온 하루를 참선으로 앉는다.

짙은 잉크빛 하늘은
하나씩 하나씩 별을 씻어
어두운 꿈길 밝히고

모태의 자궁 같은
무중력의 평온함이
따뜻한 양수 속에 잠긴다.

갯벌

아버지 하고 소리 내어 부르면
가슴에 쏴아 바람이 뚫고 간다.

소주냄새 섞인 지친 걸음의 귀가길
밤마다 아버지에겐 갯내음이 났다.

썰물 빠져나간 드넓은 갯벌
아낌없이 파 먹혀 물렁해진 가슴
구멍마다 바닷새의 울음이 고였다.

망초꽃 1

– 간다는 것

"아 아 숨이 차서 미치겠어!"
헤모글로빈 저하로 가빠지는 숨을
수혈로 지탱하고 있는 그는
힘겹게 눈을 뜨고 죽음 바깥을 연민한다.

관찰실로 옮겼다는 것은
임종이 가까웠다는 얘기
주렁주렁 매달은 주사액과 함께
거칠어지는 숨을 떠나보내고 있다.

막걸리 한 사발에 김치 한 조각 씹는 맛을
좋아하던 그는
허우적거릴수록 빠져드는 개미귀신 굴속으로

발을 헛디디고 있었다.

몸부림 쳐보지만
명주잠자리 꿈을 버리지 않는 개미귀신
곪아터지는 뱃속보다
지난날의 후회가 가슴을 도려내고 있다.

무거운 눈꺼풀을 겨우 열고 바라보는
가족이라는 이름의 얼굴마다에
맺혀오는 말의 물방울들이
빙글빙글 돌아가고 있다.

마지막 날숨이

한 방울 눈물로 흐르고서야
출렁이던 심전도의 푸른 액정에 긴 수평이 그어졌다.

창문 밖에는 하얀 망초꽃이 꿈결처럼 피었다.

망초꽃 2

 - 없다는 것

어깨를 축 늘어트린 모습
이제는 없네
멋쩍게 웃는 작은 소리도 없네.

둘러앉은 모임에서 듣던
부드러운 목소리도 없네.
바람에 흔들리는 미루나무 같은 몸
한줌의 한으로 남기고,

분홍 대리석 작은 네모방 속에
힘주어 잡던 손 내 가슴에 음각해놓고
어린 날 숨바꼭질처럼 숨어버렸네
망초꽃은 하얗게 피어있는데

이름 앞에 아무도 범접할 수 없는
故자를 얹었네
아직은 보내지 않았는데
이제는 볼 수가 없네.

천불동 계곡

희운각 아래 먼발치서 만난
천불동 계곡의 맑은 물소리
스쳐가는 바람에 흩날리는 꽃가루

하얀 춤사위로 떨어지는 폭포
움푹한 옥색 소에 내려 박힌다.
하늘의 노을과 땅의 단풍
바람을 함께 담아 씻기며
지친 길손의 마음도 담그라 한다.

바위와 물이 한 몸으로 얼크러진
계곡 위 철 계단에 뿌려진 붉은 마음
비켜 딛기 어려워라.

한 움큼의 시린 물맛 타는 속 달래며
돌아서기 아쉬운 천불동 계곡.

빙호氷湖

호수 심연에서
샘솟는 맑은 꿈
겹겹 회한으로 얼어붙고

강으로 가고픈 욕망
칼바람에 꺾여
상처로 쓰러진 노을

푸른 풀잎 봄 오는 날
실바람 잔물결로
녹아들고 싶다.

상수리나무

봄의 연둣빛 상수리 잎은
자벌레가 노는 놀이터
파랗고 작은 몸을 동그랗게 오므렸다 펴며
도드란 잎맥을 골목처럼 더듬고 다닌다.

푸른잎 넓히느라 거친 등걸은
조손가정의 아이처럼
어미 찾아 우는 매미 업고
흔들흔들 바람 불러 재우고 있다.

마지막 남은 수액 상수리 익히며
겨울 곡간 채우는 다람쥐를 부른다.
누렇게 퇴색한 메마른 잎맥
툭 떨어지면 잠시 흔들리는 가지의 어깨

제 몸에서 떨군 마른 잎 덮고 누워
잔뿌리 속 깊은 곳
파고드는 애벌레 가만히 품고
봄 꿈 토닥토닥 긴 잠에 든다.

4. 교차의 순간

뼛속으로

– 세월호 1

어처구니없이 도주하는 시간
물의 소용돌이 속에 묻혀
숨 쉴 수 없는 무서움에 떨며
뼛속 깊은 울음을 틀어막고 있었다.

다시는 세상 밖으로
내보내지 않겠다고
가시 같은 밥알을
꾸역꾸역 삼키고 있었다.

내 뼈가 다 녹아내리는 날
네 손을 잡고 물이 없는 하늘나라
별 밭으로 갈 것이라고.

노랑

– 세월호 2

수백의 노랑나비 떼
몸부림치는 노란 리본 위에 앉았다.

동그란 촉수를 펴서
찢기는 마음 가만히 핥아주고 있다.

당신의 포근한 이불 속에
나란히 눕지는 못하지만
더 깊은 당신 가슴에 담겨 잠듭니다.

평생을 두고 퍼내실 통곡의 우물 속에서
반짝이는 하늘의 별을
하루빨리 건져 내세요.

하르르 흔들리는 촛불 따라

맑은 혼불로

노란 꽃등 타고 하늘로 갑니다.

착한 아이

– 세월호 3

"엄마"
"움직이지 말고 기다리래"

"그런데"
"물이 자꾸 차오르고 있어"

"무서워! 죽을 것 같아"
"어떻게 해 아빠!"

석화石花

유물로 남아 있는 단단한 돌의 어깨에
손을 얹으면 구릿빛 흐느낌이 전율로 다가온다.

깎아지른 산이 병풍으로 둘러싼 숨은 요새
돌 하나하나의 피땀을 씨앗으로 심고
아이를 키우고 싸우며 늙어 간 땅 마추픽추

스페인군에 쓰러지던 날
수많은 처녀와 노인을 생매장하고
제2의 잉카제국을 찾아 떠난
피맺힌 전설을 품고 있다.

안개비에 젖은 눈물의 땅을 버리고
흔적 없이 사라진 그들이 두고 간 영혼
돌의 가슴에 하얀 꽃잎들이 일어나고 있다.

해국海菊

보랏빛 바랜 눈길은 늘
먼 바다를 향하고 있다.
갯내음 실어오는 젖은 바람에
꽃잎은 날마다 눈시울 적신다.

아찔한 벼랑을 부둥켜안은
긴 뿌리는 한 땀 한 땀
바위벽에 기다림을 음각하고 있다.

청어를 따라 바다로 간 사람에게
기저귀를 돛처럼 널어
아이의 소식 전해보지만
사무친 노을빛만 와서 눕는다.

겨울 오는 길목에 꽃빛은 사그라들고
올 수 없는 기다림 놓지 못하는 푸른 잎
겨울 해풍에 하얀 성에꽃으로 앉는다.

선자령仙子嶺

하얀
눈
눈
눈

알록달록
꽃뱀이
꼬불꼬불 길을 낸다.

세찬
바람
바람
바람

정상의

파란 하늘은

알싸한 한 사발 동치미국물.

숨비새

제주 우도에는
검은 머리 솟구치며
피리소리로 울고 있는
숨비새가 산다.

숨을 돌돌 말아
명치끝에 쟁였다가
절명의 순간 솟구쳐 오르는 절창絶唱

뭍에다 새끼를 두고
바다 속에 텃밭을 일구는 어미 새
새끼 먹이 가득 담고
둥지로 가는 걸음 가볍게 나른다.

날개 자란 새끼들 다 떠나보내고
늙은 몸은 뭍보다 바다가 자유롭다.
뭍의 걸음은 비틀거리지만
물속에서는 유연한 숨비새 할멍
절창 위해 또 한 번 휘파람으로 솟구친다.

새

날개가 없어
하네스*를 조이고 자일을 묶었다.

깊은 계곡을 사이에 두고
이쪽 봉우리와 건너편 바위에 묶어 둔 자일을 타고
푸른 하늘에 한 점 새가 되었다.

뛰는 심장도 간도 쓸개도
저 아래 아득한 계곡으로 던져지는
무아의 순간.
커다란 허공이 되었다.

구름이 지나가고
바람이 훑고 가는

아름다운 티롤리안 브릿지*
하늘 가운데 한 점 구름으로 스민다.

*하네스: 암벽장비
*티롤리안 브릿지: 암벽타기의 일종(일명 통닭구이)

촉

나뭇가지의 촉눈이 볼록하다.
아직 찬바람이 부는 겨울 끝
곧 태어날 준비가 끝난 거다.

단단한 껍질을 뚫고
나무도 촉도 생살 찢기는 산고를 겪었다.
양수를 뒤집어쓴 아이의 울음으로 촉이 나왔다.

산통으로 쪼그라든 젖은 몸
꼬깃꼬깃 접은 잎 기지개 켜고
날마다 우렁우렁 숲으로 일어선다.

풋사랑

그 아이의 집

성긴 돌담 사이에

곱게 끼워 둔 하얀 손수건

빨간 색실로 새긴

LOVE

팔딱이는 가슴 안고

도망치는 빨간 발자국

그 소녀가 아슴푸레 하다.

교차의 순간

수면의 푸른 야광찌
미동이 없고
작은 풀벌레는 곁에서 운다.

별 한 소쿠리 호수로 녹아들고
만삭의 달은 산을 넘어 와
물고기를 위해 산란하고 있다.

꼼짝 없이 앉아
풀벌레 소리에 귀를 씻고 있는데

엇차 솟았다 푸른 신호등
푸드덕!
불끈!

몸 떨리는 희열과 마지막 몸부림이
부딪치는 찌의 꼭짓점이 물속으로
곤두박질친다.

그때 보자

봄꽃이 피어도

앞산 마루에 노을이 앉아도

살랑이는 바람으로 강가에 누워도

생각나도 가슴이 아프지 않을 때

우리 그때 보자

환청

나는 늘
풀벌레를 데리고 산다.

때로는
매미가 세차게 울기도 한다.

풀벌레가 울 때는
이슬이 매달린 풀밭에 눕고

매미가 울 때는
바람에 흔들리는
미루나무 꼭대기를 바라본다.

耳順이 지나는가보다.

구제역

동네 아이들이
저마다 소를 몰고 나와
앞산에 풀어놓고 자치기에 열중이다
소는 자유로이 풀을 찾아 배 채우고.
저 혼자 워낭 흔들며 집으로 오곤 했다.

우리에 갇혀 사료에 길들여진 소
풀밭대신 진창에 누워 잠을 잔다.
하늘 무너지는 구제역 소식에
커다란 눈은 핏발이 서고
가차 없이 내물리며 비틀거리는 걸음
줄지어 우리를 나선다.

철모르는 어린 것 졸랑졸랑 꼬리 흔들며

소풍 길처럼 어미 따라나선다.
아찔한 생매장터 앞에서
버티는 다리 사이로 새끼 보듬는
어미의 단말마가 구덩이를 흔든다.

고요

송광사 불일암
댓돌 위에

하얀 고무신
한 켤레

면벽 좌선하시는
법정 스님처럼

맑은 햇볕 소복이
묵언수행 중.

태풍이

금방이라도 눈물이 넘칠 것 같은
그렁그렁한 눈망울에 핏발이 섰다.

둥근 모래판 가상 자리에 원목울타리가 쳐지고
층층이 관중석에 가득 찬 사람들
콜로세움을 옮겨 놓았다.

일격에 쓰러트릴 자세로 노려보다
박차고 나간다.
뿔 치기로 밀어젖히고
들치기의 노련함과 뿔 걸이의 끈기까지
온 몸의 근육이 출렁인다.

모래알은 덩달아 솟구치고

관중들의 환호성이 하늘을 덮는다.
버틴 뒷다리의 근육이 터질 듯 팽창한다.

중심이 쏠리고 눈이 허옇게 뒤집힌다.
부글부글 거품을 물고 모래판에 코를 박으며
가쁜 숨 몰아쉬다 돌아서고 만다.

투전꾼의 웅성거림과 욕설이
비틀거리는 태풍의 등 뒤로
쏟아지는 여름 소나기.

작품해설 오영효 시인의 시세계

소박미와 생명의 존재가치

黃松文

詩人·선문대 명예교수

사랑은 생명의 꽃이라고 했다. 또 생명만이 신성하다는 말도 있거니와 생명에의 사랑이 가장 첫째가는 미덕이라는 말도 있다. 아무튼 이러한 말들은 '생명'과 '사랑'을 떼어놓고 생각할 수 없는 불가분의 관계를 의미한다는 점을 극명하게 말해주고 있다.

이를 환언하면 '생명'이 있는 곳에 '사랑'이 있고, '사랑'이 있는 곳에 '생명'이 있다는 얘기가 된다. 따라서 생명은 존재의 기본이라 하겠다. 성서에 꺾인 갈대도 마저 꺾지 않는다는 말이 있다. 이는 긍휼矜恤을 두고 하는 말이다.

긍휼이란, 가엾게 여겨 도움을 주고자 하는 마음이다. 인간은 누구나 이런 마음을 지니고 있기 마련이다. 맹자가 말한 측은지심惻隱之心도 이와 궤를 같이한다. 예수의 박애博愛나 석가의 자비慈悲도 이와 다르지 않다.

R.롤랑이 말한 "생명에의 사랑이 가장 첫째가는 미덕"이라는 말이나 F.버덴슈테트의 "사랑은 생명의 꽃"이라는 말은 성인들이 말한 어질 인仁이나 '사랑'으로 통한다.

시인에 있어서 문제는 이를 어떻게 구체적으로 형상화하느냐에 있다. 오영효 시인은 이와 관련된 사물을 포착하여 구체적으로 보여주고 있는데, 앞서 말한 측은지심이 여실히 반영된 작품을 들자면 다음과 같은 시가 보인다.

낙엽 쌓인 산길 걷다가
반짝이는 알밤 하나를 주웠다.

횡재한 기분으로 뚜껑을 따는데
하얀 애벌레가 머리를 쑥 내민다.

아이쿠!
저도 놀라고 나도 놀란다.

아침저녁으로 넘나들던 대문이
포크 레인의 커다란 아가리에 맥없이 무너지고
옹기종기 등 지지던 아랫목이
시꺼멓게 배를 뒤집고 널브러졌다.

잡초처럼 잘려나간 철거민들
검은 연기로 사라지는 날
눈 감지 못한 채 외치는 소리
모두들 귀 막은 방관자였다.

손톱만한 우주 속에 갓 태어난
저 여린 몸에 어떤 양지가 있어
망나니의 칼끝에 지붕 빼앗기고
다가오는 혹독한 겨울을 날 것인가
발가벗은 애벌레는 미동도 없다.

-「보금자리 1」 전문

오영효 시인의 측은지심은 미세한 곤충의 애벌레에까지

미치고 있다. 이 시인은 낙엽 쌓인 뜰을 걷다가 알밤을 주웠는데, 거기에서 애벌레를 발견하게 된다. 그는 갓 태어난 애벌레가 혹독한 겨울을 어떻게 날것인가를 걱정한다. 그리고 이러한 현미경적 미시관찰은 거대한 도시의 불쌍한 서민으로 유추된다. 막강한 힘을 가진 포크 레인의 커다란 아가리에 의해서 맥없이 무너지는 철거민이라는 망원경적 거시관찰로 대비시킴으로써 인의仁義의 정서와 의미를 살려내고 있다.

여기에서는 곤충이 의인화되어 곤충의 세계와 인간의 세계가 동일시됨으로써 인간사회의 불안의식과 피침성이 반영되고 있다. 피해를 당한 곤충의 겨울나기와 삶의 보금자리를 잃고 쫓겨나는 철거민들의 겨울나기 걱정을 하고 있는데, 이는 측은지심의 단적인 표현이라 하겠다.

이러한 사회문제의 걱정거리는 그의 시 「파양破養」에서도 여실히 나타나 있다.

> 아름다운 지구는
> 인간을 입양한 이후
> 욕망형 바이러스 발열로

제 몸을 녹여내고 있다.
허파에 남겨진 흉터는
마른버짐처럼 번져만 가고
평화를 잃어버린 지구는
인간을 파양할까 궁리중이다.

–「파양破養」 전문

파양破養이라는 말은, 양자들인 것을 파한다는 뜻이다. 여기에서는 지구가 인간을 입양한 이후 욕망형 바이러스 발열로 인해서 제 몸을 녹여내고 있다고 표현하고 있다. 인간의 끝없는 욕망에 의해서 지구는 날로 파괴되어간다는 내용이다. 결국 지구는 존재목적을 위해서 인간을 파양할까 궁리중이라는 것이다.

인간이 저지른 파괴행위의 결과로 자연으로 대치되는 신으로부터 버림을 받겠다는 두려움이 깔려 있다. 이는 결국 신과 인간의 갈등 양상이다. 신이 인간을 창조했는데, 인간은 신을 망각한 채 지구성을 파괴하는가 하면, 가공할 핵무기로 불안에 떨고 있다. 이는 무지하고 어리석은 인간의 자승자박이다. 여기에서의 "허파에 남겨진 흉터"란 대기

오존층의 파괴를 말한다. 오영효 시인은 이러한 현상으로 인해서 엄습해 오는 불안과 공포에 전율하면서 경각심을 보이고 있다.

그러나 이러한 앙가주망은 이 시인의 본류가 아니다. 이 시집의 제호가 『박꽃』이듯이, '소박미' 쪽을 살펴보지 않을 수 없다.

아름다운 글은 행간마다
어머니 고향 실개천이 흐른다.

작은 돌멩이에도 허리 굽혀 기척하고
그 물소리에 귀를 씻은 어린 풀잎들
설레는 온 몸을 물결에 맡기고 산다.

페이지를 넘길 때마다
가슴 울려오는 종소리의 여운
도봉산행 지하철 옆자리에 앉아
마음을 건드리고 지나간
결 고운 바람이
두고 간 책 속에 까무룩 잠기고 말았다.

기억의 항아리에 담을 겨를도 없이
빈자리만 놓아두고 멀어져간 바람결
보이지 않는 뒷모습 그려보며
나도 누군가의 가슴에 울리는
종소리로 살고 싶다.

-「종소리」 전문

오영효 시인의 가슴 속에는 실개천이 흐르는 고향이 있고, 그 물소리와 함께 회상되는 종소리가 있다. 그 종소리는 누군가의 마음을 울리는 종소리로서 어머니 고향 실개천처럼 아름다우면서도 편안함을 선사하는 고요한 종소리로 유추할 수 있다.

이러한 정밀성靜謐性은 미국의 여류시인 에밀리 디킨슨처럼 누군가를 위해서 사는 이타적인 삶을 추구하는 종소리의 울림이다. "그 물소리에 귀를 씻은 어린 풀잎들/ 설레는 온몸을 물결에 맡기고 산다."는 여기에는 사회적 피해의식이 없다. 그래서 그러한 정밀성으로 인해서 편안함을 얻게 된다.

이러한 시정신은 예술정신과 통한다. 그것은 균형과

조화와 자연스러움과 편안함을 본질로 하기 때문이다.

아우가 부쳐 준 소포는
짭조름한 콩잎 장아찌
침이 고이기 시작한다.

찬물에 밥 말아 한 잎 올려놓으니
은은한 향기에 목이 메인다.

어머니가 투박한 손으로
콩잎 한 장을 들고
밥술 뜨는 나를 기다리시던 날
채마밭 울타리엔
크고 빨간 나팔꽃이 피어 있었다.

하루해를 못 견디고 여린 몸 닫고 마는
그 짧음이 가슴 아프던 어머니
병실에서 은은한 콩잎이 먹고 싶다 했는데,

베란다 창틀의 비닐 끈을
제 어미인 양 돌돌 감아 오른 나팔꽃이

환하게 마중을 나오고 있다.

-「콩잎 엄마」 전문

오영효 시인은 아우가 부쳐준 소포(콩잎 장아찌)에서 병실에 누워 계시는 어머니를 연상한다. 그 연상에는 짭조름한 콩잎 장아찌에 침이 고이기 시작하면서 스스로를 나팔꽃에 비유하고 돌돌 감아 오르는 모녀상봉의 내면심리를 암유하고 있다.

여기에서 결말 부분을 보면, "베란다 창틀의 비닐 끈을/ 제 어미인 양 돌돌 감아 오른 나팔꽃이/ 환하게 마중을 나오고 있다."고 나팔꽃이 의인화되어 있다. 나팔꽃을 빙자해서 애틋하게 그리워하는 모녀상봉의 심리를 나타내 보이고 있다.

이러한 인정미학은 향토정서와도 맥이 통한다. 그의 시 「강심 빛깔」이 그것이다.

강은
아침이 오면
물비늘 속곳 사르르 벗어 내리고

맑은 알몸으로 일어선다.
안으로
산이 쏟아지고
하늘이, 구름이 강바닥에 와서 눕는다.

강심의 숲에서
화들짝 흩어지는 산새 소리
물고기가 자맥질해 물고 간다.

-「강심 빛깔」 중 전반부

이 시에서는 아름다운 강물이 마치 여인이 옷을 벗는 것처럼 의인화되어 있다. 자연 관조를 통한 미적 표현이 미려하다.

영구차가
고인이 걷던 길을 지나간다.

켜켜이 앉은 낙엽은 미동도 없이
시나브로 떨어져 내리고 있다.

영구차 안의 사람들은

저마다의 상념에 잠긴 채
흔들리고 있을 뿐 울지도 않는다.

한 평생
가족을 위한 삶의 나이테
쪼글한 빈 껍질로 남아
마지막 노을을 닮아간다.

벽재 화장장도 가을이 깊어
침묵을 벗어 던진
불꽃의 가벼움으로
마지막 경계를 넘어 간다.

꽝! 철문이 닫히고
작은 유리 구멍 속 그 너머에서도
이승의 단풍이 화르르 타오르고 있다.

-「단풍이 탄다」 전문

영구차에 실린 시신이 벽재 화장장에 당도하여 화장되는 장면이 묘사되고 있다. 이 화장장면은 '노을'로 전이되고 불꽃으로 연상하게 한다. 이 시의 1연은 영구차에 실려

가는 사자가 생존 시에 걷던 길을 간다고 함으로써 생사의 갈림길을 암시하고 있다.

2연에서는 낙엽이 지는 상활을 말함으로써 인간의 종명에 입체성을 암시하고 있다. 4연에서는 "가족을 위한 삶의 나이테/ 쪼글한 빈 껍질로 남아/ 마지막 노을을 닮아간다." 고 가족을 위한 고난의 삶을 통해서 마지막에는 아름다운 노을로 환치시키고 있다. 결국 결말에 가서는 타오르는 단풍으로 마지막 종명終命을 미화시키고 있다.

여기에서는 낙엽과 노을과 단풍이 인간의 종명을 상징적으로 아름답게 은유하고 있다.

거대한 짐승이 웅크리고 있다.
눈을 인 독의 뚜껑처럼
눈꽃 면사포를 쓰고 있다.

— 중략 —

어둠을 몰고 오는 젖은 바람을
온 몸으로 받아 안고
만신창이 등뼈를 다스리며

송전탑과 함께 먼 봄을 교신한다.

–「겨울 산」 중 일부

이 시에서는 '겨울 산'을 가리켜 거대한 짐승이 웅크리고 있다고 표현한 다음, 눈을 인 독의 뚜껑처럼 눈꽃 면사포를 쓰고 있다고 표현하고 있다. 원시적 생명감 넘치는 야성과 문명어가 동거하고 있다. '짐승'과 '면사포'가 그것이다.

결말에서는 "송전탑과 함께 먼 봄을 교신한다."고 기대감을 나타내고 있다. 겨울 산의 좌절과 흥기가 혼용되어 있다. 그리고 원시와 현대가 공존하는 극단의 표현을 보이고 있다.

돌아오는 길 따라 나서며
"얼렁 가거라" 하면서도
끝까지 손 흔들며 웃고 있는 엄마
새끼 내보내는 어미 펭귄처럼
웃음 속에 그렁그렁 붉어지는 눈시울.

–「엄마 펭귄」 중 일부

이 시는 애틋한 모정을 나타내고 있다. 다음으로 이어지는 마지막 박꽃의 보편적 정서란 청순가련형으로 통한다. 박꽃은 7월부터 9월까지 피는데, 해가 질 무렵인 저녁 어스름에 피었다가 아침에 시든다. 박꽃은 흰색이므로, 흰옷을 입은 여인을 연상하게 된다. 흰옷 입은 여인이란 조선의 백의민족 현모양처 아니면 남편 잃은 청상을 연상하게 된다. 그래서 청순가련형으로 통한다.

오영효 시인의 시 '박꽃'은 이러한 단서를 약간 비껴가는 듯한 인상을 주지만 여기에 크게 벗어나지는 않는다. 남편 잃고 자식까지 잃은 여인이기 때문이다. 이런 여인은 제사를 지내는 등으로 흰옷을 입을 일이 남보다 많기 때문에 '박꽃'으로 전형화 할만하다.

잔 솜털 보송보송
수줍음 타던 새아기씨 素心

이슬 내리는 은하 눈물
여린 꽃잎 純白으로 피어

소복으로 단장하고
달빛 마중 나가

지붕 위로
환하게 떠오른 보름달
한 입 삼키고

기약 없는 기다림에
숨 죽여 운다.

–「박꽃 1」 전문

돌담 위의 용마루에
박꽃 피는 밤이면
석이오빠는 밤늦도록 한숨만 쉬었고
나는 밤새도록
하얀 꽃이 되는 꿈을 꾸었다.

꽃잎을 따서
작은 손에 올려주며
살갑게도 두 손 감싸주던 달밤,

어쩌다 추억의 조각을 보면

잊고 살던 소박한 그리움
거칠어진 빈손 그러쥐어본다.
-「박꽃 2」 전문

구순이 되어서도
쪼글쪼글한 입가 환하게
미소 머금던 권씨 할머니
심중에는 기둥 같은 아들이 있고
기둥 곁에 뿌리 내린 박꽃 줄기
서로의 숨결 나누며 살고 있다.

골목길 들어설 때마다
손 흔들며 하얗게 웃던
純白의 영상……
할아버지 먼저 보내고도
실밥처럼 이어가는 세월
용마루 기어가며 해를 보낸다.

아들아이 떠나고부터
우물도 물이 마르고
초가지붕 어둠 밝히던
소복의 박꽃도 볼 수 없다.

-「박꽃 3」 전문

모든 생명 있는 사물을 긍휼히 여길 줄 아는 오영효 시인은 소박한 생명, 소박한 사랑, 소박한 행복을 희구한다. 그의 소박한 생명은 「박꽃 1」 앞부분에서 여실히 보여주고 있다. "잔 솜털 보송보송/ 수줍음 타던 새아기씨 素心"이라든지, "이슬 내리는 은하/ 여린 꽃잎 純白으로 피어"에서 순수한 생명의 소생하는 개화를 명징하게 보여주고 있다.

이 시의 후반부에서는 "소복으로 단장하고/ 달빛 마중 나가// 지붕 위로 떠오른 보름달/ 한입 삼키고"에서는 생명체의 잉태를 기원하는 여인이 보름달을 입으로 머금어 삼키는 속설을 눈치 채기에 이른다. 그리고 마지막 결구 "기약 없는 기다림에/ 숨죽여 운다."에서 역시 연약하고도 슬픈 청순가련형의 여인을 연상하게 된다. 이 시는 선명한 명징함을 보이면서도 독자로 하여금 사랑과 슬픔을 미루어 짐작하게 하면서 모호하게 하기도 한다.

다음으로 「박꽃 2」는 소박한 사랑을 나타내고 있다. "석이오빠는 밤새도록 한숨만 쉬었고/ 나는 밤새도록/ 하얀 꽃이 피는 꿈을 꾸었다."라든지, "꽃잎을 따서/ 작은 손에 올려주며/ 살갑게도 두 손 감싸주던 달밤."이 그것이다. 이 시편들에 표현되는 소박한 행복은 「박꽃 3」에도 내비치는 바와 같이 기둥 같은 아들이 있는 늙은이의 미소를 말한다. 박꽃이 하얗게 피어나고 풍신한 박이 둥글게 열리는 것처럼, 여인은 꽃피는 사랑 끝에 장성한 아들을 두는 일이다. 소박하면서도 자연스러운 이 박꽃의 원망공간願望空間이 오영효 시인의 시세계에 있어서 대세를 이루는 시 에스프리라 하겠다.

오영효 시집 **박꽃**

초판인쇄 2014년 10월 15일
초판발행 2014년 10월 21일
지 은 이 오영효
발 행 인 황송문
펴 낸 곳 문학사계
주　　소 서울특별시 영등포구 선유로 49
(문래동6가, 미주프라자 B1-102호)
전　　화 070-8845-9759
010-2561-5773
팩　　스 (02)2676-9759
이 메 일 songmoon12@hanmail.net
등　　록 2005년 9월 20일
제318-2007-000001호

값 7,000원
ISBN 978-89-93768-34-3 03810

배포처 자유문고 (02)2637-8988

이 도서의 국립중앙도서관 출판예정도서목록(CIP)은
서지정보유통지원시스템 홈페이지(http://seoji.nl.go.kr)와 국가자료공동목록시스템(http://www.nl.go.kr/kolisnet)에서 이용하실 수 있습니다.
(CIP제어번호: CIP2014028637)